Wir feiern ein Erntedankfest

Eva Aichert

Wir feiern ein Erntedankfest

illustriert von Christine Paxmann

Pattloch Verlag

Die Deutsche Bibliothek – CIP-Einheitsaufnahme

Wir feiern ein Erntedankfest / Eva Aichert.
Ill. von Christine Paxmann. –
Augsburg: Pattloch, 1996
ISBN 3-629-00242-0
NE: Aichert, Eva; Paxmann, Christine

Gedruckt auf chlorfrei gebleichtem Papier

Pattloch Verlag, Augsburg
© Weltbild Verlag GmbH, 1996
DTP/Satz: Handmade – Werbeagentur Arne Teutsch, München
Layout und Illustration: Christine Paxmann, München
Reproduktion: Litho Art, München
Druck und Bindung: Himmer, Augsburg
Printed in Germany
ISBN 3-629-00242-0

Inhalt

Liebe Eltern und Erzieher!

»Mutti, wer steckt die Kerne in die Birnen?« Das ist eine von vielen Fragen, die Kinder gerne stellen. Bisweilen behaupten sie aber auch »Unsere Milch kommt nicht von der Kuh, sondern vom Supermarkt!«, und fordern damit Erklärungen der Eltern heraus.
Diese Fragen werden von den Erwachsenen sozusagen ganzjährig beantwortet.
Das herbstliche Erntedankfest aber bietet zusätzlich hervorragende Möglichkeiten, Kindern all das nahezubringen, was mit der Natur und unserer Ernährung zusammenhängt.
Wenn ich mit meiner Kindergruppe Äpfel auseinanderschneide, Weizenkörner mahle, mit der Gießkanne »Regen« produziere, und wenn wir überlegen, wer die Sonne scheinen läßt, sehe ich die Begeisterung bei den Kindern. Ich weiß dann, daß ich im nächsten Jahr wieder mit Genuß Erntedank feiern werde und ich hoffe, daß diese Kinder das, was sie auf dem Teller haben, schätzen lernen.

Nun noch etwas zum Buch selbst!
Es soll Kindern ermöglichen, mit der Unterstützung von Erwachsenen eine Erntedankfeier vorzubereiten und durchzuführen. Deshalb habe ich versucht, alle Anleitungen so einfach wie möglich zu halten. Erforderliche Ergänzungen für die Erwachsenen sind gekennzeichnet und nur sparsam eingesetzt.

Nun aber viel Spaß beim Vorbereiten des Festes und natürlich beim Feiern!

Der Herbst ist da!

Jedes Jahr im Herbst feiern wir das Erntedankfest,
das du sicher von der Kirche oder vom Kindergarten schon kennst.
Hast du aber schon einmal zu Hause ein Herbstfest erlebt?
Wie wäre es, wenn du deine Geschwister, Eltern,
deine Verwandten und deine Freunde
mit einer Einladung zu einem gemeinsamen Erntedankfest
überraschen würdest?
Du kannst dazu viele Sachen basteln, kochen und backen.
Auch Spiele und Tänze passen zu diesem Fest
und müssen vorbereitet werden.
Einige Kinder haben sicher Lust,
dir bei diesen Arbeiten zu helfen,
so daß auch die Vorbereitungen
schon großen Spaß machen können.

Zuerst aber erzähle
ich dir eine Geschichte:

7

Erntedankfest

von Eva Aichert

»Ich weiß jetzt, was Erntedankfest bedeutet!« Florian geht in die 1. Klasse und kommt gerade von der Schule heim. Andrea, seine kleine Schwester wartet schon auf ihn.

»Das weiß ich auch!« sagt sie und schaut ihren Bruder ärgerlich an. Sie ist doch schließlich nicht dumm.

»Na, was heißt es denn?« fragt Florian. Andrea überlegt. So genau kennt sie sich doch nicht aus. Sie ist ja noch recht klein.

»Sag's mir«, bettelt sie. Florian freut sich, daß er Andrea erklären kann, was er in der Schule gelernt hat.

»Paß auf«, fängt er an. »Erntedankfest besteht aus drei Wörtern. Das erste heißt 'Ernte', das zweite 'danke' und ...«Andrea ruft dazwischen: »Ich weiß, ich weiß! Das dritte Wort heißt 'Fest'!« »Genau«, sagt der große Bruder. »Am Erntedankfest feiern wir ein Fest, bei dem wir uns für die Ernte bedanken. Das ist ganz einfach.«

Andrea ist mit der Antwort nicht zufrieden.

»Ein Fest feiern kenne ich«, meint sie. »An meinem Geburtstag haben wir auch ein Fest gefeiert. Aber was ist eine Ernte und bei wem sagen wir danke?«

Florian denkt nach. »Wir fragen Mama«, sagt er schließlich. Die beiden sausen in den Garten.

»Was ist eine Ernte?« rufen sie wie aus einem Mund.

»Erstmal hallo«, antwortet die Mutter. »Wie bist du denn ins Haus gekommen? Ich habe keine Türklingel gehört!«

Ein bißchen ungeduldig sagt Florian: »Andrea hat mir aufgemacht. Was ist eine Ernte?«

»Das, was ich hier arbeite, nennt man ernten«, gibt die Mutter den Kindern zur Antwort. Sie holt gerade Mohrrüben aus der Erde.

»Mohrrüben ausbuddeln?« fragen die zwei ungläubig.

»Äpfel pflücken, Beeren zupfen, Getreide mähen, Salat abschneiden und auch Mohrrüben ausbuddeln – das alles gehört zur Ernte,« erklärt die Mama. »Wenn alles gut geht, wird das, was wir angebaut und ausgesät haben, reif und kann dann von den Menschen geerntet werden.«

Andrea ist noch neugierig. »Und wenn etwas nicht gut geht?«

»Oh, es kann viel passieren. Es kann zuviel regnen, die Sonne kann alles ausdörren, im Boden können Pflanzenkrankheiten sein und noch vieles mehr. Dann wird die Ernte schlecht.«

»Jetzt weiß ich's wieder«, ruft da Florian auf einmal. »Deshalb sagen wir danke, wenn alles abgeerntet ist. Ohne Sonne und Regen könnte nichts wachsen und wir müßten alle verhungern. Und die Sonne und den Regen schickt uns der liebe Gott.«

»Stimmt«, sagt da die Mutter. »Ohne ihn gäbe es gar keine Pflanzen, die wir ernten könnten. Wir haben also allen Grund, danke zu sagen.«

Andrea aber beschließt: »Und zum Dankesagen feiert man ein Fest wie am Muttertag. Und das machen wir auch, gell Mama? Wir feiern ein Erntedankfest, und ich lade alle Leute ein.«

9

Süße Einladungskartoffeln

....

Du freust dich sicher genauso wie die Andrea in der Geschichte auf das Erntedankfest. Hast du dir schon überlegt, wer alles von dir zu dieser Feier eingeladen wird? Wenn ja, dann findest du hier ein Rezept für Kartoffeln aus Schokolade, in denen du deine Einladung verstecken kannst.

Dazu brauchst du:

- 200 g Bitter- oder Blockschokolade
- 200 g geriebene Mandeln
- ca. 30 g Kokosfett
- Puderzucker

Zubereitung:

1. Zerbrich die Schokolade in kleinere Stücke und gib sie zusammen mit dem Kokosfett in eine Schüssel.

2. Diese Schüssel wird in einen Kochtopf gestellt, den du vorher halb mit Wasser gefüllt hast.

3. Nun wird alles auf den Herd gestellt und das Wasser erhitzt. Bevor es aber richtig sprudelnd kocht, nimmst du den Topf von der Herdplatte, damit keine Wasserspritzer in deinen süßen Brei kommen.

4. Die Schokolade und das Kokosfett lösen sich nun langsam auf und vermischen sich miteinander. Wenn es soweit ist, holst du die Schüssel aus dem heißen Wasser und läßt den Schokobrei ein bißchen abkühlen.

5. In der Zwischenzeit wird ein kleiner Zettel (ca. 8 cm x 5 cm) mit der Einladung beschrieben und dann so klein wie möglich zusammengefaltet. Dieses winzige Paket packst du nun noch in ein kleines Stück Alufolie ein und legst es zur Seite, bis du es wieder brauchst.

6. Die heiße Schokolade ist mittlerweile etwas abgekühlt und kann deshalb mit den Mandeln zu einem festen Teig vermischt werden.

7. Auf dem Küchentisch oder einem Holzbrett verteilst du etwas Puderzucker und beginnst nun mit dem Formen der Kartoffeln.

8. Dazu nimmst du ein wenig Teig, drückst eines der winzigen Alupäckchen hinein und formst dann eine Kartoffel daraus. Damit der Schokoteig nicht an den Fingern kleben bleibt, bestreust du sie immer wieder mit etwas Puderzucker.

9. Hast du alle Einladungspakete in den süßen Kartoffeln versteckt, legst du diese auf einen Teller und läßt sie bis zum nächsten Tag trocknen. Erst, wenn sie sich ganz fest anfühlen, kannst du sie in kleine Zellophantütchen stecken und als Einladung verteilen.

Natürlich werden deine Freunde staunen, wenn du ihnen eine Praline als Einladung übergibst. Deshalb erzählst du ihnen, daß der Zettel in der süßen Kartoffel versteckt ist, und sie deshalb beim Hineinbeißen aufpassen müssen.
Bei so einer leckeren Einladung kommen sie sicher gerne zu deinem Fest.

Das Rezept ist sehr einfach und die Aufgabe von Kindern ohne weiteres zu bewältigen. Im Interesse Ihrer Küche ist es aber sicher sinnvoll, bei allen Koch- und Backaktionen anwesend zu sein. Trotzdem freuen sich die kleinen Köche, wenn sie weitgehend alleine hantieren können und der Erwachsene nur dann helfend eingreift, wenn es unbedingt nötig ist.

Obst und Gemüse für den Erntetisch

Deine Freunde hast du alle eingeladen.
Nun kannst du mit den Vorbereitungen für das Fest beginnen.
Dazu gehört auch ein schön gedeckter Tisch, auf dem ja dann das Erntedankessen serviert wird.
Aus Pappmaché läßt sich in kurzer Zeit Obst und Gemüse kneten, das nach der Bemalung zu einer hübschen Tischdekoration wird.

Dazu brauchst du:

- fertige Pappmaché (sie gibt es in den meisten Bastelgeschäften und muß nicht erst mit Muttis Rührgerät zerkleinert werden)
- farbiger Lack auf Wasserbasis (ihn gibt es vor allem in Modellbaugeschäften in sehr kleinen Döschen, die dann auch recht billig sind)
- bekommst du den Lack nicht, verwendest du Plakafarben und Klarlack
- alte Eierbecher, Pinsel

Herstellung:

1. Die Pappmachéflocken werden nach der Anleitung auf der Packung angerührt.

2. Meistens muß der Brei noch ein bißchen stehen, bevor du mit kneten beginnen kannst (die Zeit steht ebenfalls auf der Packung und ist bei den verschiedenen Firmen unterschiedlich).

3. Nun überlegst du dir Obst- und Gemüsesorten, die du für deinen Festtagstisch haben möchtest. Die formst du aus der Pappmaché und legst sie dann zum Trocknen weg.
   Das Trocknen der Früchte dauert etwa einen Tag, je nach Größe. Diese Zeit kannst du mit deinen Freunde nützen und z.B. das Lied auf der übernächsten Seite lernen.

4. Sind die Erntesachen gut ausgetrocknet, kann mit dem Bemalen begonnen werden.
   Dazu stellst du das Obst- oder Gemüsestück in den Eierbecher und bemalst die obere Hälfte mit der Lackfarbe.
   Wenn dieser Teil getrocknet ist, drehst du das Stück um und streichst das andere Ende bunt an.

5. Hast du mit Plakafarben gearbeitet, fehlt nun noch der Klarlack, der auf die gleiche Weise wie die Farbe aufgetragen wird.

Bis zum Fest können die Pappmachéstücke in einer Schachtel aufbewahrt werden.
Wenn sie dann den Festtagstisch schmücken, sind sie immer noch schön und vergrößern die Vorfreude deiner Gäste auf das Erntedankessen.

Seht was wir geerntet haben

....

Beim Basteln mit Pappmaché entstehen immer wieder Wartezeiten, in denen Farbe oder etwas anderes trocknen muß.

Bestimmt gefällt euch dieses Lied, das sehr gut zu eurer Arbeit paßt und leicht zu lernen ist. Damit kann die Wartezeit mit Spaß genutzt werden.

Seht, was wir ge - ern - tet ha - ben! Gott wir

dan - ken dir da - für. Und wir brin - gen dei - ne

Ga - ben. Al - les ha - ben wir von dir. Und wir dir.

Text: Rolf Krenzer
Melodie: russ. Kinderlied
Aus: 100 einfache Lieder Religion; © Verlag Ernst Kaufmann, Lahr und Kösel Verlag, München

14

Natürlich kann man die Liedstrophe noch mit einem Spiel verbinden:
Dazu denkt sich jedesmal ein anderes Kind eine Obst- oder Gemüsesorte aus und spricht dazu einen Satz.

z.B. »Ich habe Äpfel geerntet!«
oder »Ich haben Kartoffeln geerntet!«
Dann singt ihr das Lied von vorne.

Dieses Spiel könnt ihr auch bei eurer Erntedankfeier durchführen und sogar den Erntetisch damit schmücken. Wie das geht, findet ihr auf Seite 34.

Eine Erntekrone

Als Mittelpunkt des Erntedanktisches sieht eine kleine, selbst gebastelte Erntekrone besonders schön aus. Sie ist zwar nicht ganz einfach zu binden, aber du wirst sehen, daß sich die Mühe lohnt.

Dazu brauchst du:

- ein Drahtgerüst in Form einer 20–25 cm hohen Krone (wenn es das Gestell nicht fertig zu kaufen gibt, kann es auch aus einem Drahtring und Weidenruten oder Peddigrohr selbst hergestellt werden)
- Weizen-, Roggen- und Haferähren (wer im Juli vergessen hat zu sammeln, kann das Getreide im Herbst beim Gärtner kaufen)
- Blumenbindedraht, Zange

Das Binden:

1. Schneide die Getreideähren so ab, daß noch etwa 2 – 3 cm Stengel zu sehen sind.

2. Beginne an der Spitze der Krone mit dem Binden. Arbeite an einer Seite nach unten bis zum Ring, fange beim 2. Bogen wieder oben an, binde dann den dritten und vierten Bogen und schließe die Arbeit mit dem Binden des Ringes ab.

3. Zum Binden wird eine Ähre auf den Gerüstbogen gelegt und mit dem Bindedraht befestigt.

4. Nun kommt die nächste Ähre dazu – der Draht wird wieder ein oder zweimal um die Ähren gewickelt.

5. Dieses Ährenlegen und Drahtwickeln setzt du so lange fort, bis du dich langsam den Bogen nach unten gearbeitet hast.

6. Wenn du das ganze Gerüst umwickelt hast, wie es bei 2. beschrieben ist, schaust du dir die Erntekrone noch mal in Ruhe an und besserst die eine oder andere Lücke aus. Dazu legst du dein Getreide an die gewünschte Stelle und wickelst ein Stück Draht um den Halm. Die beiden Drahtenden verdrehst du miteinander.

7. Bist du mit deinem Werk zufrieden, wird es zum Abschluß noch im Freien von allen Seiten mit Haarspray besprüht. So fallen die einzelnen Getreidekörner nicht so schnell ab und die Krone bleibt länger schön.

Diese Krone in der Mitte deines Erntetisches wird sehr schön aussehen und dich und deine Gäste während des Festes daran erinnern, wie wichtig das Getreide für unser Leben ist.

Hier werden die jüngeren Kinder nicht ohne Hilfe auskommen. Die Schwierigkeit, mit einer Hand die Ähre am richtigen Platz zu halten und mit der anderen Hand den Draht zu wickeln, erfordert eine Handgeschicklichkeit, wie sie erst größere Kinder besitzen. Ich bin sicher, die fleißigen Bastler werden Ihr Angebot, die Ähren zu halten, nicht ablehnen.

Die Kornähre

Vor Zeiten, als Gott noch selbst auf Erden wandelte, da war die Fruchtbarkeit des Bodens viel größer, als sie es jetzt ist: Damals trugen die Ähren nicht fünfzig- oder sechzigfältig, sondern vier- bis fünfhundertfältig. Da wuchsen die Körner am Halm von unten bis oben hinauf: So lang er war, so lang war auch die Ähre.

Aber wie die Menschen sind, im Überfluß achten sie des Segens nicht mehr, der von Gott kommt, werden gleichgültig und leichtsinnig. Eines Tages ging eine Frau an einem Kornfeld vorbei, und ihr kleines Kind, das neben ihr sprang, fiel in eine Pfütze und beschmutzte sein Kleidchen. Da riß die Mutter eine Handvoll der schönen Ähren ab und reinigte ihm damit das Kleid.

Als der Herr, der eben vorüberkam, das sah, zürnte er und sprach: »Fortan soll der Kornhalm keine Ähre mehr tragen: Die Menschen sind der himmlischen Gabe nicht länger wert.«

Die Umstehenden, die das hörten, erschraken, fielen auf die Knie und flehten, daß er noch etwas möchte an dem Halm stehen lassen:
Wenn sie selbst es auch nicht verdienten, doch der unschuldigen Hühner wegen, die sonst verhungern müßten.

Der Herr, der ihr Elend voraussah, erbarmte sich und gewährte die Bitte. Also blieb noch oben die Ähre übrig, wie sie jetzt wächst.

Natürlich können ältere Kinder ihre Märchen auch selbst lesen. Ich weiß aber aus meiner eigenen Kindheit, daß ich es auch noch mit 9 oder 10 Jahren genossen habe, diese alten Erzählungen vorgelesen zu bekommen. Die Freude an den Märchen ist bis heute nicht vergangen, so daß ich sie in meiner Arbeit mit Kindern häufig und mit Genuß erzähle.

Erntedankbrot

So, wie im Märchen beschrieben, sehen die Getreideähren tatsächlich aus. Ganz oben sind die Körner versteckt, aus denen der Müller das Mehl macht, mit dem wir unser Brot, den Kuchen und noch vieles andere mehr backen.

Weil das Brot für die Menschen ganz besonders wichtig ist, fehlt es auf keinem Erntewagen in der Kirche.

Wie du so ein Brot ganz einfach backen kannst, erfährst du hier. Es paßt nicht nur auf deinen Erntetisch, es schmeckt bestimmt auch deinen Gästen sehr gut.

Dazu besorgst du dir:

- eine Packung Brotbackmischung, etwas Mehl, etwas Fett
- eine Teigschüssel, ein elektrisches Rührgerät, ein sauberes Geschirrtuch, ein großes Holzbrett, ein Backblech

Zubereitung:

1. Die Backmischung kommt zusammen mit der Hefe (sie ist in der Packung mit dabei) in die Teigschüssel.

2. Nun mißt du dir die vorgeschriebene Menge lauwarmes Wasser ab und stellst das Gefäß auf deinen Arbeitstisch.

3. In das Rührgerät werden die Knethaken gesteckt.

4. Es ist wichtig, daß du alle Fenster und Türen schließt, während du den Teig anrührst. Bei Zugluft fällt er zusammen und dein Brot wird dann klein und steinhart.

5. Wenn alles bereit steht, gießt du das Wasser in die Backmischung und knetest alles mit dem Rührgerät 5 Minuten lang durch. Der Teig ist dann fest und glatt und klebt nicht mehr an der Schüssel fest.

6. Decke ein sauberes Geschirrtuch über die Schüssel und stelle sie an einen warmen Platz (ca. 25 °C). Dort läßt du den Teig 1/2 Stunde ruhen.

7. Wenn die Zeit um ist, kommt der Teigkloß auf ein bemehltes Brett und wird noch einmal durchgeknetet. Dann formst du einen länglichen Laib daraus.

8. Streiche das Backblech mit dem Fett ein und lege dann den Brotlaib darauf. So darf er nochmals am warmen Platz ca. 35 Minuten ruhen.

9. Wenn der Brotteig weggestellt ist, schaltest du den Herd auf 250 °C zum Vorheizen. Nach der Ruhezeit schiebst du das Backblech auf die mittlere Schiene und backst das Brot bei 250 °C an. Nach 30 Minuten drehst du die Temperatur auf 190 °C zurück und stellst den Küchenwecker auf 40 Minuten.

10. Ist die Zeit um, wird das fertige Brot auf einen Rost gelegt und kann so auskühlen.

Du wirst sehen, mit so einer Backmischung ist das Brotbacken kinderleicht und macht Spaß. Bei deinem Fest aber wird das selbstgebackene Brot sicher allen schmecken.

Es klappert die Mühle

Dieses Lied ist schon sehr alt und du hast es gewiß schon in der Schule oder im Kindergarten gesungen.

Wenn nicht, singen es dir deine Eltern vor: Sie kennen es sicher noch aus ihrer Kindheit!

Es klap-pert die Müh-le am rau-schen-den Bach, klipp, klapp. Bei

Tag und bei Nacht ist der Mül-ler stets wach, klipp, klapp. Er_

mah-let das Korn uns zu kräf-ti-gem Brot, und ha-ben wir sol-ches, dann

hat's kei-ne Not, klipp, klapp, klipp, klapp, klipp, klapp.

Flink laufen die Räder und drehn uns den Stein, klipp, klapp,
und mahlen den Weizen zu Mehl uns so fein, klipp, klapp.
Der Bäcker dann Zwieback und Kuchen draus bäckt,
der immer den Kindern besonders gut schmeckt.
Klipp, klapp, klipp, klapp, klipp, klapp.

Wenn reichliche Körner das Ackerfeld trägt, klipp, klapp,
und Mühle dann flink ihre Räder bewegt, klipp, klapp,
und schenkt uns der Himmel nur immerdar Brot,
so sind wir geborgen und leiden nicht Not.
Klipp, klapp, klipp, klapp, klipp, klapp.

Text: E. Anschütz
Melodie: volkstümlich

Der Text dieses Liedes paßt ganz besonders gut zu unserer Erntekrone, dem Märchen und dem Brotrezept.

Die Knolle

....

Knille, Knalle, Knolle!
Kartoffel heißt die tolle,
die da in der Erde liegt
und nun neue Triebe kriegt.

Knalle, Knolle, Knille!
Es ist noch alles stille.
Aber bald ist sie zu seh'n,
diese Pflanze » Wunderschön«.

Knolle, Knille, Knalle!
Das wird in jedem Falle
eine Staude riesengroß!
Wo sind die Kartoffeln bloß?

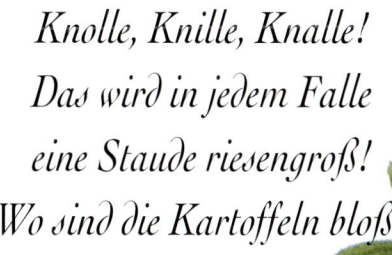

Knille, Knalle, Knelk!
Jetzt ist die Pflanze welk.
Graben wir sie aber aus,
kommen neue Knollen raus!

Eva Aichert

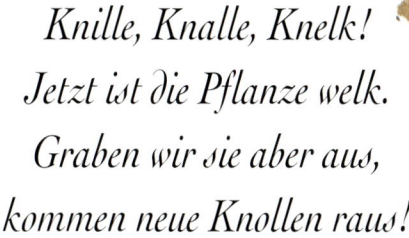

23

Die schöne Kartoffel

von Eva Aichert

Es war einmal eine Kartoffel, die lag tief in der Erde und wartete auf den Sommer. Dann sollte sie ausgegraben werden.

Eines Tages kam der Bauer Weber auf den Kartoffelacker.

»So«, sagte er. »Jetzt ist es soweit. Das Kraut ist welk, und die Kartoffeln sind reif. Sie können aus der Erde geholt werden.«

Am nächsten Morgen waren ganz viele Leute auf dem Acker. Alle halfen mit, die Kartoffeln von der Erde aufzuheben, die der Bauer ausgegraben hatte.

Die Kartoffel aus unserer Geschichte aber war ganz besonders groß und ganz besonders schön.

»Ich bin etwas Besonderes!« sagte sie ganz stolz zu den anderen. »Ich bin groß und ich bin schön. Aus mir wird bestimmt etwas ganz Wichtiges gemacht!«

Die anderen Kartoffeln schüttelten den Kopf. Sie fanden ihre Kollegin überheblich.

Schließlich waren alle Erdäpfel (so heißen die Kartoffeln auch) aufgesammelt und in große Säcke verpackt. Keiner hatte sich extra um die schöne Knolle gekümmert.

Genau wie die anderen kam sie in die Fabrik, die im nächsten Ort stand. Dort wurden Pommes frites hergestellt. Als aber die Säcke ausgeleert wurden, kullerte die schöne Kartoffel ein bißchen von den anderen weg. Das sah einer der Arbeiter.

Der sagte zu seinem Kollegen: »Hast du schon einmal so eine große und schöne Kartoffel gesehen?« Der andere schüttelte den Kopf.

»Ich glaube«, sagte der erste, »ich werde sie mit nach Hause nehmen und meinen Kindern zeigen. Diese Kartoffel ist zu schade um zu Pommes frites zerschnitten zu werden.«
Und das machte er auch. Abends nahm er die große Knolle mit nach Hause und zeigte sie seinen Kindern. Die wunderten sich sehr über diesen großen Erdapfel und überlegten, was sie daraus machen könnten.

Schließlich beschlossen sie, die Kartoffel in den Keller zu legen und treiben zu lassen. Im nächsten Frühjahr wollten sie sie dann in die Erde setzen.
Und so wurde die große und schöne Kartoffel nicht zerschnitten, sondern durfte eine neue Pflanze werden.

Tischdeckchen mit Kartoffeldruck

Wenn deine Mama Kartoffeln schält, passiert es bestimmt immer wieder, daß sie ange-
schlagene Knollen auf die Seite legt.
Damit lassen sich sehr schöne Tischsets herstellen, indem man sie mit den Kartoffeln
bedruckt.
Wie du gleich sehen wirst, ist das auch gar nicht schwer.

Dazu nimmst du:

- die Kartoffeln
- ein scharfes Messer (Vorsicht!!)
- Plakafarben
- Pinsel
- festen Fotokarton

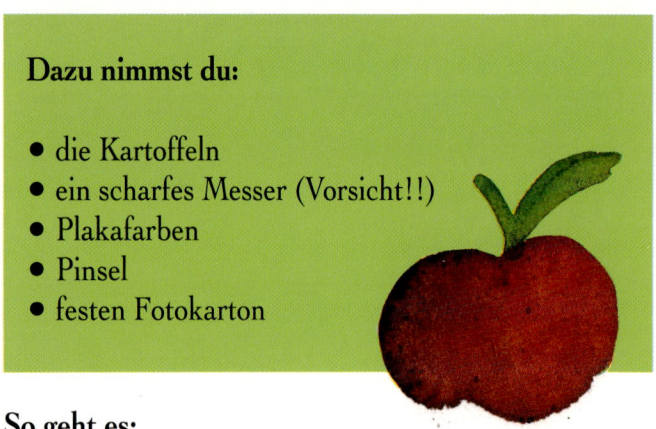

So geht es:

1. Die Kartoffeln werden halbiert und die Schnittfläche so bearbeitet, daß eine Form entsteht (z.B.
   eine Karotte, ein Apfel, ein Brot...), die auf das Papier gedruckt werden kann.

2. Die Plakafarben rührst du mit etwas Wasser in kleinen Gefäßen an. Dafür eignen sich die
   Deckel von Marmeladengläsern besonders gut.

3. Wenn der Arbeitstisch mit alten Zeitungen abgedeckt ist, legst du den Fotokarton darauf.
   Den hast du vorher schon so zugeschnitten, wie du ihn für deine Tischsets brauchst.

4. Überlege dir, wie du dein Deckchen gestalten willst. Dazu können die Druckstellen auf dem
   Fotokarton auch vorsichtig mit dem Bleistift angezeichnet werden.

5. Nun wird die zurechtgeschnitzte Seite der Kartoffel mit Farbe bestrichen und auf den
   Fotokarton gedrückt.

6. Natürlich kannst du Farbe und Form wechseln, wie es dir gefällt.
   Für die verschiedenen Formen brauchst du dann nur die entsprechende Menge Kartoffeln.
   Wenn du mit einem benutzten Stempel in einer neuen Farbe drucken willst, ist es wichtig,
   die alte Farbe gründlich abzuwaschen.

7. Wenn das erste Tischdeckchen fertig ist, legst du es zum Trocknen zur Seite und beginnst mit
   dem nächsten.

Bald hast du so viele Tischsets vor dir liegen wie du für deine Gäste brauchst. Sie sehen bunt und
fröhlich aus und bringen dich und deine Freunde ganz sicher in Festlaune.

Nicht alle Eltern trauen ihren Kindern den Umgang mit scharfen Messern zu. Diese
Entscheidung können auch nur Sie treffen. Bevor Sie aber stumpfe Gerätschaften verteilen, bitte ich Sie, das Zuschneiden der Knollen lieber selbst zu übernehmen. Die Kinder
sind beim Arbeiten mit stumpfen Messern nicht nur enttäuscht über die ungenauen
Ergebnisse - die Unfallgefahr durch abrutschende Klingen ist auch sehr hoch.

Rat mal was sich da reimt

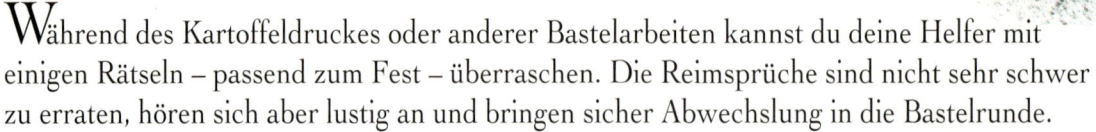

Während des Kartoffeldruckes oder anderer Bastelarbeiten kannst du deine Helfer mit einigen Rätseln – passend zum Fest – überraschen. Die Reimsprüche sind nicht sehr schwer zu erraten, hören sich aber lustig an und bringen sicher Abwechslung in die Bastelrunde.

Ein Mann lief auf der Straße
in riesengroßen Pantoffeln.
Er trug in seiner Tasche
riesengroße ....

Es war einmal eine Biene,
die stach den Hans in den Daumen.
Da sprach sie mit bitterer Miene:
»Viel lieber noch sind mir die ....!«

Der Lehrer in der Schule,
der sagt: »Ihr sollt nun hören!
Gemüse, das ist gesund
vor allem jedoch die ....!«

Die Kühe fressen Gras,
das holt man von der Weide.
Die Menschen essen Brot,
das macht man aus ....!

»Der Rettich ist viel zu scharf«,
das sagte zu mir das Lieschen.
»Ich esse auf jeden Fall
die kleinen, roten ....!«

Ob blaue oder grüne,
das kannst du mir schon glauben,
den Wein, den macht man immer
aus einer Menge ...!

Kennst du die roten Kugeln?
Kannst du sie denn erraten?
Zu Nudeln gibt es Soße,
die macht man aus ...!

Am Morgen eß ich Müsli,
da bin ich eine »Süße«,
doch mittags mag ich Suppe,
am liebsten aus ....!

Wenn du den letzten Spruch erraten hast, weißt du auch gleich, was ich mir für ein Erntedankessen für dich und deine Gäste ausgedacht habe.

Erntefrische Gemüsesuppe

Zu dieser Suppe kann alles hergenommen werden, was es während der Erntezeit zu kaufen gibt. Hat das Gemüsegeschäft aber etwas nicht im Laden, ist es auch nicht schlimm. Eine Gemüsesorte weniger läßt das Essen sicher genauso gut schmecken.

Das Rezept:

Ich kaufe immer:

- Kartoffeln, Zwiebeln, Lauch, Möhren, Kohlrabi, Sellerie, Bohnen und Petersilie – pro Person nimmt man ungefähr 200 g Gemüse
- Gemüsebrühe, Gewürze und Fett

An Geschirr benötigst du:

- ein Brett, ein Messer, einen Gemüseschäler, ein großes Sieb, einen großen Topf und einen Kochlöffel

1. Zuerst wird das Gemüse geputzt, das bedeutet:
   Die Kartoffeln und die Möhren werden geschält; vom Kohlrabi und vom Sellerie wird das Äußere weggeschnitten und vom Lauch werden die äußeren Schichten abgezogen; bei den Bohnen werden die Enden abgeschnitten und evtl. die Fäden abgezogen.

2. Nun schneidest du alle Gemüsesorten in kleine Stücke und gibst sie in das Sieb.

3. Ist alles zerkleinert, kommt das Sieb unter den Wasserhahn. Dort kannst du den Inhalt gründlich waschen.

4. Jetzt mußt du die Zwiebel schälen und in winzige Stückchen schneiden. Die wirfst du zusammen mit dem Fett in den Topf und schaltest die Herdplatte an.

5. Sind die Zwiebel angebrutzelt, kommt das gewaschene Gemüse dazu. Du würzt den Topfinhalt mit Gemüsebrühe und füllst alles mit Wasser auf (bei der Menge richtest du dich am Besten nach der Anleitung auf der Packung).

6. Wenn das Wasser kocht schaltest du den Herd auf eine kleine Stufe zurück. So wird das Gemüse in ca. 15 Minuten weichgekocht sein.

7. In der Zwischenzeit zupfst du die Blätter der Petersilie von den Stengeln ab und wäschst sie. Mit dem Wiegemesser werden sie dann zerkleinert.

8. Ist das Gemüse weich, schmeckst du es noch ab. Mit Salz, Pfeffer und ein bißchen Liebstöckel geht das ganz leicht.

9. Kurz bevor die Suppe serviert wird, streust du die Petersilie darüber. Das schmeckt gut und sieht hübsch aus.

Du hast gewiß während des Kochens schon Hunger bekommen.
Bei deinen Gästen aber wird sich sicher auch der größte Suppenkasper den Teller noch ein zweites Mal füllen lassen.
Guten Appetit!

Rätsel

Suche die Lösungen von folgenden Wörtern:

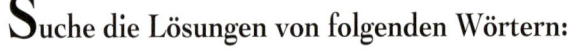

1. Aus diesem roten Gemüse wird oft Salat gemacht.
2. Eine Jahreszeit.
3. Hier kann Gemüse angebaut werden.
4. Bevor du sie essen kannst, mußt du sie aus der Erde ausgraben.
5. Der Bauer baut auf ihm Gemüse oder Getreide an.
6. Mit ihm wird das Gras oder das Heu nach Hause gefahren.
7. Diese Obstsorte wächst am Baum.
8. Im Herbst müssen wir es tun, um etwas zu essen zu haben.
9. Diese Pflanze mag der Gärtner nicht.
10. Manchmal gibt es etwas zu ....
11. Aus dieser Getreideart werden die leckeren Brötchen gebacken.
12. Am Sonntag findet er in der Kirche statt.
13. An diesem Wochentag wird Erntedank gefeiert.

Wenn du alle Wörter gefunden hast, steht in den umrandeten Kästchen das Lösungswort.

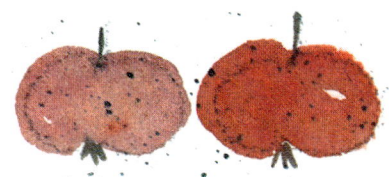

Das Fest ist da

Du bist fertig mit deinen Vorbereitungen und freust dich nun auf deine Gäste!
Zusammen mit einigen Helfern haben diese Arbeiten auch bestimmt Spaß gemacht und
die Freude auf das Fest noch vergrößert.
Nun aber ist es so weit!

Auf den nächsten Seiten wirst du das meiste von dem, was du gekocht, gebacken und
gebastelt hast wiederfinden.

Beim Essen, Spielen und Feiern aber wünsche ich dir jetzt viel Spaß!

Der Erntedanktisch wird geschmückt

Natürlich hättest du den Erntedanktisch schon schmücken können.
Deine Gäste helfen dir aber sicher gerne dabei.
Mit einem kleinen Spiel kommt dabei auch gleich die richtige Feststimmung auf.

Wenn du es in deine Einladung hineingeschrieben hast, bringen alle etwas Obst oder
Gemüse für die Erntedanktafel mit.
Auf dem Tisch steht zu Beginn nur die selbstgebundene Erntekrone.
Nun singst du deinen Freunden das Lied »Seht, was wir geerntet haben« von Seite 14 vor.
Du weißt ja, daß es ganz kurz und auch leicht zu lernen ist.
Nachdem das Lied einmal gesungen worden ist, erzählt das erste Kind, was es mitgebracht
hat. Gleichzeitig bringt es die Sachen zum Erntetisch.
Hat dein Freund seine Gaben auf den Tisch gelegt, wird das Lied ein zweites Mal gesungen.
Dann berichtet der nächste Gast von dem, was er mitgebracht hat.
Dieses Spiel führt ihr solange durch, bis alle Besucher ihre Gaben auf den Tisch gelegt
haben.

Die Suppe, die du vor Beginn des Spieles auf den Herd gestellt hast, duftet inzwischen
schon sehr verlockend.
Bevor das Erntedankessen aber losgeht, gibt es noch etwas für deine Festgesellschaft zu tun.
Was das ist, erfährst du auf der nächsten Seite.

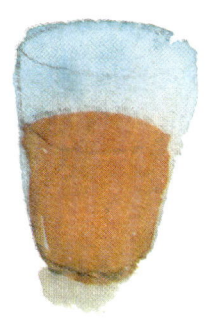

Das Festessen

....

Der Tisch ist gedeckt!

Deine Gäste werden aber vor Beginn des Essens in die Küche geführt. Dort stehen einige Saftpressen und ein Korb voll Orangen und Zitronen bereit.
Nun darf sich jeder am Auspressen der süßen Früchte beteiligen. Wem die Kraft ausgeht, kann seine Presse an einen Freund übergeben. Es wird gar nicht lange dauern, und das Obst ist bis auf das letzte Stück zu Saft verarbeitet. Zusammen mit einigen Flaschen Mineralwasser kannst du nun ein leckeres Getränk anbieten.
Die Kerne aber werden aufgehoben; auf Seite 45 braucht ihr sie nämlich wieder.

Mit Saft und Mineralwasser bestens versorgt, gehst du nun mit deinen Freunden an den schön gedeckten Essenstisch. Wenn alle Platz genommen haben, wollen sich deine Gäste sicher zusammen mit dir bei Gott für all das, was zu diesem Erntedankessen gehört, bedanken. Dies könnt ihr mit eigenen Worten tun oder aber ein Gebet sprechen.
Einige habe ich für euch ausgesucht:

Alle guten Gaben, alles was wir haben,
kommt o Gott von Dir, wir danken Dir dafür

Wir wollen danken für unser Brot.
Wir wollen helfen dem, der in Not.
Wir wollen schaffen, die Kraft gibst du.
Wir wollen lieben, Herr hilf dazu.

Komm, Herr Jesu, sei unser Gast,
und segne, was du uns bescheret hast.

Jetzt aber laßt es euch schmecken bei Gemüsesuppe, selbstgebackenem Brot und Orangensaftschorle!

Verschönerte Blumentöpfe

Das Essen war lecker und die Bäuche von deinen Freunden und dir sind voll. In der Küche liegen aber immer noch die Obstkerne vom Saftpressen. Es wäre schade, sie wegzuwerfen. Die ganze Kraft einer neuen Pflanze ist in diesen kleinen Dingern. Mit kleinen Blumentöpfen, etwas Farbe und ein wenig Erde läßt sich erproben, ob die Kerne nicht zu keimen beginnen.

Die Tontöpfchen (oberer Durchmesser ca. 6–8 cm) und die Erde bekommt man beim Gärtner oder im Blumenladen. Farben hast du gewiß noch zu Hause. Die Reste vom Bemalen der Pappmachéteile (Seite 12) lassen sich hier z.B. verwenden.

Mit den Wasserlackfarben darf nun jeder deiner Gäste ein Blumentöpfchen verzieren. Wichtig ist, daß nicht das ganze Gefäß bemalt wird, damit der Ton noch Feuchtigkeit nach außen abgeben kann. Sicher hat jeder deiner Freunde eine andere Idee, wie er den Topf bemalt. Am Ende stehen dann eine ganze Reihe unterschiedlichster kleiner Tontöpfe zum Trocknen da. Sie sehen hoffentlich sehr lustig aus.

Malen macht Spaß und Singen macht Spaß. Beides gleichzeitig zu tun, bringt also doppelt soviel Freude. Das Lied auf der Nebenseite kennen bestimmt die meisten von euch. Ihr müßt es also nicht erst lernen, sondern könnt sofort mit dem Trällern beginnen.

So vergeht die Zeit im Nu! Während die Tontöpfchen trocknen, hast du für deine Freunde einige Spiele vorbereitet, die zu Erntedank passen.

36

In einem kleinen Apfel

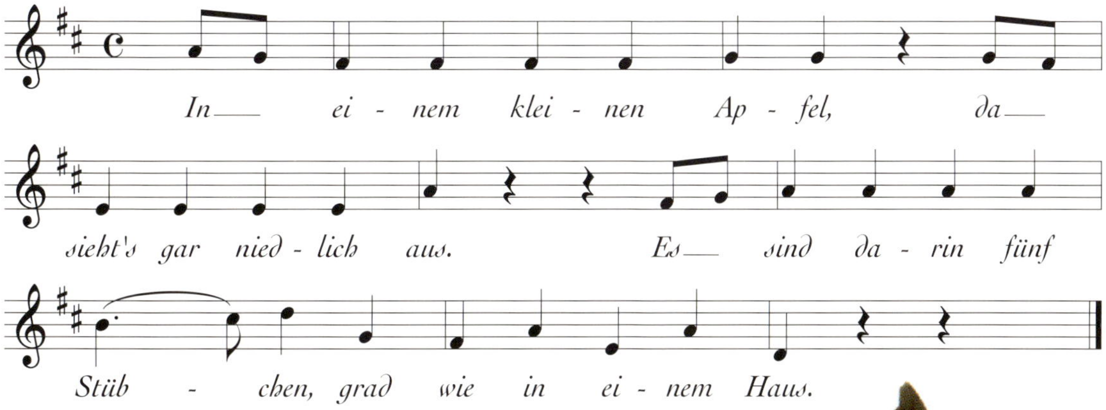

In— ei - nem klei - nen Ap - fel, da—

sieht's gar nied - lich aus. Es— sind da - rin fünf

Stüb - chen, grad wie in ei - nem Haus.

In jedem Stübchen wohnen
zwei Kerne braun und fein.
Sie liegen drin und träumen
vom hellen Sonnenschein.

Text und Melodie: mündlich überliefert?

Dieses Lied handelt von einem Apfel, und so beginnen wir auch gleich mit einem Apfelspiel die erste Spielerunde. Natürlich folgen dann auch noch andere Spiele für dich und deine Gäste.

Obstspiele

Zum Thema Essen gibt es sehr viele Spiele. Mir ist die Auswahl schwer gefallen, aber ich glaube, daß ich einiges gefunden habe, was dir und deinen Freunden Freude macht.

Apfelwettbeißen

Das ist ein Wettstreit, bei dem immer zwei Kinder gegeneinander antreten. Dazu liegen auf dem Boden zwei saubere Tücher; auf jedem Tuch liegt ein gewaschener Apfel.
Die beiden Spieler sitzen vor den Tüchern und verschränken ihre Arme auf dem Rücken.
Auf das Kommando »Fertig, los!« versuchen sie nun, ihren Apfel so schnell wie möglich aufzuessen. Daß die Hände dabei auf dem Rücken bleiben, versteht sich von selbst.
Gewonnen hat, wer als erstes den Apfel gegessen hat. Natürlich braucht es dazu noch eine Abmachung, wieviel vom Apfel gegessen sein muß (z.B. mindesten 5x abbeißen oder die Schale muß weg sein).
Schwieriger wird dieses Wettspiel, wenn die Äpfel nicht auf den Tüchern liegen, sondern in Schüsseln mit Wasser schwimmen. Allerdings reicht dann auch 3x abbeißen zum Sieg.
Auf alle Fälle ist es ratsam, bei dieser Spielart Handtücher bereitzuhalten.

Birne oder Apfel

Hier geht's ums Fühlen!

Zwei Kinder bekommen die Augen verbunden. Nun müssen sie immer abwechselnd eine Obstsorte durch Tasten erkennen.

Jeder hat fünf Versuche. Dann wird gezählt, wer mehr Früchte erkannt hat.

Gibt es ein unentschieden, wird das Wett-Tasten mit drei weiteren Versuchen fortgesetzt. Steht dann immer noch kein Sieger fest, bleibt es dabei und der Preis (z.B. ein Apfel) wird geteilt.

Links die Pflaume, rechts die Pflaume

Alle Kinder bilden einen Kreis. Eines hat eine Pflaume in der Hand.
Jetzt wird ein »Dirigent« bestimmt, der in die Mitte des Kreises geht.
Der Dirigent gibt nun entweder das Kommando »Links« oder »Rechts«. Die Kinder im Kreis müssen dann, so schnell es geht, die Pflaume in der richtigen Richtung weitergeben. Durch rasch wechselnde Kommandos kann der Dirigent ganz schön Verwirrung stiften. Das ist auch gut so, denn jedes Pärchen, das die Pflaume bei der Übergabe fallen läßt, muß ausscheiden. Das Spiel wird solange fortgesetzt, bis nur noch zwei Kinder übrigbleiben. Sie sind die Sieger und werden mit einer Handvoll süßer Pflaumen belohnt.

Nach diesen Spielen ist es Zeit für eine kleine Abwechslung.
Das Lied auf der nächsten Seite, zu dem es auch ein Tänzchen gibt, sorgt dafür.

Bei Gesellschaftsspielen dieser Art fällt die Entscheidung, ob man sich als Erwachsener beteiligt, nicht immer leicht. Einerseits soll sich die kleine Festgesellschaft nicht kontrolliert fühlen, andererseits ist oft ein Spielleiter nötig, der selbst nicht mitspielen darf. Eine vorherige Absprache mit dem eigenen Nachwuchs kann hier für Abhilfe sorgen. Die Kinder sagen meist sehr offen, wann sie Erwachsene dabei haben wollen und wann nicht.

Ein kleines Tänzchen zum Erntedankfest

Dieses Tänzchen ist sehr alt und gehört zu meinen Lieblingsliedern; deshalb habe ich es für dich und deine Freunde aufgeschrieben.

Wenn du es einige Male gesungen hast, wirst du merken, daß die Melodie ein Ohrwurm ist. Bis dahin braucht es aber einfach etwas Übung.

Komm, wir wol - len tan - zen gehn, du und ich, wir

bei - de. Du ziehst dei - ne Stie - fel an,

ich mein Kleid von Sei - de. Tra - la - la - la,

tra - la - la, tra - la - la - la, tra - la - la,

tra - la - la, tra - la - la, tra - la - la - la - la - la.

Gib mir schnell nun deine Hand, du und ich wir beide.
Zweimal links und zweimal rechts
schwenkt das Kleid von Seide.
Tra-la la-la, tra-la la, tra-la la-la, tra-la la,
tra-la la, tra-la la, tra-la-la-la la-la.

Keiner ist so schön wie wir, du und ich, wir beide.
Du mit deinem Federbusch, ich mit meinem Kleide.
Tra-la la-la, tra-la la, tra-la la-la, tra-la la,
tra-la la, tra-la la, tra-la-la-la la-la.

Ja, ich tanze gern mit dir, du und ich, wir beide.
Und mein schöner Federbusch paßt zu deinem Kleide.
Tra-la la-la, tra-la la, tra-la la-la, tra-la la,
tra-la la, tra-la la, tra-la-la-la la-la.

Schneller, geht's im Kreis herum, du und ich, wir beide.
Tanz auch schön und gib fein acht
auf mein Kleid von Seide.
Tra-la la-la, tra-la la, tra-la la-la, tra-la la,
tra-la la, tra-la la, tra-la-la-la la-la.

Text und Melodie: mündlich überliefert

Wie der Titel des Liedes schon verspricht, kann man dazu auch tanzen.
Damit das Singen nicht zu kurz kommt, darf der Tanz nicht zu wild sein. Ich habe mir also einige ruhigere Schritte überlegt, die du mit deinen Gästen während des Singens einstudieren kannst. Zusammen mit einem Freund oder einer Freundin bist du dann der Vortänzer wie beim richtigen »Plantanz« auf der fränkischen Kirchweih.

Jeder Gast sucht sich einen Partner, mit dem er zusammen das Tanzbein schwingt.

1. Strophe: Die Paare nehmen sich bei der Hand und gehen in Zweierreihen durchs Zimmer.
   Bei »Tra-la-la« (Refrain) fassen sich die Partner an beiden Händen und drehen sich tanzend im Kreis. Das bleibt bei jeder Strophe gleich.
2. Strophe: Die Paare nehmen sich wieder bei der Hand, machen aber immer im Wechsel zwei Schritte nach links und dann wieder zwei Schritte nach rechts.
3. Strophe: Die ganze Strophe wird so getanzt wie es am Anfang für den Refrain beschrieben wird.
4. Strophe: Jeder tanzt für sich allein, erst beim Refrain kommen die Tanzpartner wieder zusammen.
5. Strophe: Hier wird so getanzt wie in der 3. Strophe nur schneller. Natürlich singen alle auch entsprechend schnell.

So, ich hoffe, deine Freunde sind noch nicht außer Puste.
Auf der nächsten Seite werden nämlich nochmal einige Spiele erklärt.

Getreidespiele

Ging es auf der ersten Spieleseite um Obst, so dreht sich nun alles um das Getreide. Du wirst staunen, was man mit diesen kleinen Körnchen alles spielen kann.

Der Schatz im Getreidesilo

Beim Bauern bekommst du für relativ wenig Geld ungemahlenes Getreide. Das schüttest du in eine große Plastikwanne. Im Getreide werden einige kleine Schätze versteckt. In Papier eingewickelte Kekse passen sehr gut zu diesem Spiel, du kannst dir aber natürlich auch andere Preise ausdenken.

Nun begeben sich zwei Kinder im Wettstreit auf Schatzsuche. Das bedeutet, sie müssen die kleinen Päckchen so schnell wie möglich aufspüren. Damit Schätze, die an der Oberfläche auftauchen, nicht so rasch entdeckt werden, verbindest du den Spielern die Augen.

Gewonnen hat, wer die meisten Päckchen hat und der Siegerpreis sind eben diese Päckchen, die die Spieler vernaschen dürfen.

Der schwere Gang zur Mühle

Das ist ein Mannschaftsspiel, bei dem immer drei Spieler (Esel, Bauer und Müller) zusammenarbeiten. Mehrere Mannschaften treten gegeneinander an, um eine bestimmte Menge Getreide von einem Ort zum anderen zu transportieren.

Und das geht so:

Die Esel stehen auf allen Vieren am Startplatz bei der Wanne aus Spiel Eins. Sie haben einen Suppenteller auf dem Rücken. Die Bauern füllen nun mit einem Eßlöffel die Teller mit Getreide auf. Dann schicken sie ihre Esel auf den Weg zur »Mühle«. Dort werden sie von ihrem Müller erwartet, der die Körner in einen Meßbecher schüttet. Reicht die erste Fuhre noch nicht, macht sich der Esel erneut auf den Weg.

Gewonnen hat, wer als erstes einen Meßbecher mit 1 Liter Inhalt mit Getreide gefüllt hat.

Was man aus Mehl alles machen kann

Nach der Tragerei dürfen nun die Köpfe ein wenig »rauchen«, denn dieses Spiel funktioniert wie das bekannte Kofferpacken. Alle Mitspieler sitzen im Kreis. Der erste sagt: »Aus Mehl kann man Kuchen machen.« Der nächste denkt sich noch etwas aus: »Aus Mehl kann man Kuchen und Brötchen machen.«

Der dritte: »Aus Mehl kann man Kuchen, Brötchen und Pfannkuchen machen.«

Du siehst, die Reihe, die sich jeder Spieler merken muß, wird immer länger. Irgendwann vergißt der erste etwas oder sagt eine falsche Speise. Er muß dann ein Pfand abgeben.

Fällt beim besten Willen niemandem mehr ein Mehlgericht ein, und haben sich auch genug Pfänder eingefunden, kann mit dem Pfänder auslösen begonnen werden.

Im Handumdrehen ist der Nachmittag vergegangen mit essen, spielen, singen und tanzen. Bevor sich deine Gäste aber verabschieden, dürfen sie noch ihre Obstkerne einpflanzen, um sie dann mit nach Hause zu nehmen.

Jedes Jahr auf's Neue

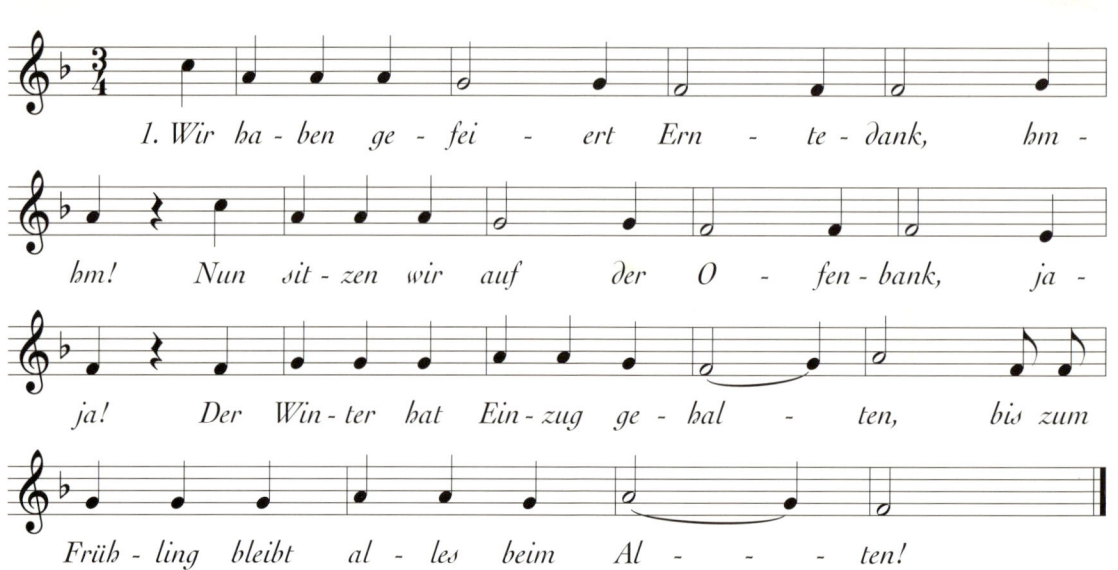

1. Wir ha - ben ge - fei - ert Ern - te - dank, hm -
hm! Nun sit - zen wir auf der O - fen - bank, ja -
ja! Der Win - ter hat Ein - zug ge - hal - ten, bis zum
Früh - ling bleibt al - les beim Al - ten!

Doch dann kommt die Sonne mit neuer Macht, hm, hm!
Schickt Wärme, damit wieder Leben erwacht, ja, ja!
Und wird eine Pflanze aus jedem Korn,
wird geerntet und alles beginnt von vorn!

Text und Melodie: Eva Aichert
Rechte bei der Autorin

Die Mitnehmtöpfchen

Vor dem Erntedankessen hast du mit deinen Freunden Saft gepreßt und die Kerne aufgehoben. Später sind dann kleine Blumentöpfe von den Gästen bemalt worden, die inzwischen längst trocken sind.

Nun wird beides wieder gebraucht.

Außer den Kernen und Töpfen benötigst du:

- Zeitungspapier
- einen 10-Liter-Sack Blumenerde
- eine Gießkanne mit Wasser
- Lappen zum Hände abwischen
- etwas Plastikfolie oder zerschnittene Plastiktütenstücke
- Gummiringe

Zusammen mit einigen Kindern deckst du einen Tisch mit Zeitungspapier ab und stellst die Blumenerde darauf. Nun füllt sich jedes Kind sein selbstbemaltes Blumentöpfchen mit Erde auf und drückt sie fest.

Dann werden zwei oder drei Obstkerne in der Mitte des Gefäßes auf die Erde gelegt und mit dem Finger ca. 1–2 cm eingedrückt.

Mit Wasser begossen füllen sich die Luftblasen im Blumentopf mit Erde und die Kerne haben die Möglichkeit zu keimen.

Zuletzt werden die Folienstücke mit den Gummiringen auf den Töpfen befestigt. Stehen die Obstkerne warm genug, entsteht unter der Plastikhaube ein bißchen Tropenluft, die die Samen schnell treiben läßt.

Diese kleinen Gefäße mit den eingepflanzten Kernen dürfen deine Gäste als Erinnerung mit nach Hause nehmen.

Zuvor aber wird noch eine allerletzte Geschichte erzählt.

Lilo, die Fliege

von Eva Aichert

Es war einmal eine kleine Fliege. Sie hieß Lilo und war ausgesprochen neugierig. Sie war so neugierig, daß sie immer in die Höhe hüpfen mußte, wenn sie etwas nicht wußte.

Lilo lebte mit ihrer Mama und ihrem Papa auf einem Bauernhof. Dort ging es ihnen sehr gut. Es gab genug zu essen, und im Stall hatten sie es immer schön warm.

Eigentlich fühlte sich Lilo wohl. Wenn sie aber etwas wissen wollte, fühlte sie sich gar nicht mehr wohl. Dann ging sie zu ihrer Mama oder ihrem Papa.

»Papa«, sagte sie dann, »warum wedeln die Kühe mit dem Schwanz, wenn ich sie besuche?« »Weil die Kühe kitzlig sind«, antwortete der Papa.

»Mama, was passiert mit den Birnen, wenn sie nicht mehr am Baum hängen?« wollte sie am nächsten Tag wissen. »Wenn der Bauer sie abgepflückt hat, macht seine Frau daraus einen Kuchen oder ein Kompott. Manchmal werden die Birnen auch in die Safterei gebracht.« Die Mama erklärte alles genau.

»Was ist eine Safterei?« Lilo war noch nicht zufrieden.

»Dort werden die Birnen solange gepreßt, bis der ganze Saft aus ihnen ausgequetscht ist, der wird dann gekocht und abgefüllt.«

»Au ja«, rief Lilo, »da will ich zuschauen!«

»Das wirst du schön bleiben lassen, das ist gefährlich«, warnte die Mama.

Einige Tage später war Lilo verschwunden. Alle Fliegen machten sich auf die Suche, aber Lilo war weg. Während alle noch rätselten, wo das Fliegenkind sein könnte, kam der Mama eine Idee. Sie flog zu der Safterei und schaute zum Fenster hinein. Und tatsächlich! Wer war ganz oben auf dem Birnenberg? Lilo, das vorwitzige und neugierige Fliegenkind stand auf der obersten Birne und hüpfte ganz aufgeregt auf und ab. Schnell flog die Mama hinein.

»Wie sieht es denn in so einer Presse aus?« fragte Lilo gerade eine andere Fliege. »Darf ich da auch mit hinein?«

Nun hatte die Mama aber genug. »Lilo, nun ist aber Schluß!« rief sie. »Neugierigsein ist nicht schlimm, aber Saftpressen von innen anschauen ist gefährlich. Willst du auch so ausgepreßt werden?«

Im gleichen Moment kam nämlich unten aus der Saftpresse der erste Birnensaft herausgelaufen. Als Lilo das sah, war ihre Neugierde auf einmal wie weggeblasen. Sie flog hinter ihrer Mama her und kam gesund und munter wieder zum Bauernhof zurück. Neugierig war Lilo auch weiterhin noch, aber gefährliche Geräte ließ sie nach ihrem Besuch in der Safterei doch lieber in Ruhe.

Zum guten Schluß

....

Wir leben in einer Überflußgesellschaft und unsere Kinder kennen meist keine großen Beschränkungen, geschweige denn Hunger.

Auch wir Erwachsenen sind versucht, diese Wohlstandsgüter selbstverständlich zu benützen, und beschweren uns häufig bereits über kleinere Beschneidungen unseres materiellen Besitzes. Da hilft es, sich bisweilen daran zu erinnern, wem wir unseren vollen Magen und die wärmende Kleidung zu verdanken haben.

Das Erntedankfest bietet eine gute Gelegenheit dazu.

In den Tagen nach diesem Fest ergeben sich aber gewiß noch zahlreiche Gelegenheiten, mit den Kindern über das Erlebte zu sprechen. Dabei sollten wir auch an die Menschen denken, denen es schlechter geht als uns, die hungern und frieren.

Wenn wir es schaffen, nicht im Dank für die Ernte steckenzubleiben, sondern etwas von ihm in Hilfe für andere Menschen umzuwandeln, könnten wir unsere Welt etwas freundlicher gestalten.

48